UNIVERSITÉ DE FRANCE.

FACULTÉ DE DROIT DE STRASBOURG.

ACTE PUBLIC

SUR

L'ADMINISTRATION

ET

LA DISSOLUTION

DE LA COMMUNAUTÉ LÉGALE,

L'ÉCHÉANCE DE LA LETTRE DE CHANGE

ET

LA MANIÈRE DE DÉLIBÉRER ET VOTER LES JUGEMENS,

PRÉSENTÉ ET SOUTENU PUBLIQUEMENT

A LA FACULTÉ DE DROIT DE STRASBOURG,

Le lundi 3 août 1835, à midi.

POUR OBTENIR LE GRADE DE LICENCIÉ EN DROIT,

PAR

PAUL-HENRI-LOUIS CONIGLIANO,

BACHELIER ES-LETTRES ET EN DROIT,

DE ROSIERES-AUX-SALINES (MEURTHE).

———◦❁◦———

STRASBOURG,

IMPRIMERIE DE G. SILBERMANN, PLACE SAINT-THOMAS, N° 3.

1835.

FACULTÉ DE DROIT DE STRASBOURG.

M. KERN, Doyen de la Faculté de Droit.

M. RAUTER, Président.

EXAMINATEURS:

MM. RAUTER . . . . . . ⎫
HEPP . . . . ⎬ Professeurs.
HEIMBURGER . . . ⎭
BRIFFAULT . . . . Professeur-suppléant.

La Faculté n'entend approuver ni désapprouver les opinions particulières au Candidat.

DE L'ADMINISTRATION

ET

DE LA DISSOLUTION

DE LA COMMUNAUTÉ LÉGALE,

INTRODUCTION.

Le législateur, tout en laissant aux époux le droit de régler à leur gré leurs conventions matrimoniales, a senti la nécessité d'établir certaines règles pour le cas où les époux n'auraient pas usé de la faculté que leur laisse la loi, soit par négligence, soit par tout autre motif. L'ensemble de ces règles a reçu le nom de *régime de la communauté légale*. Nous n'avons à parler ici que de l'administration et de la dissolution de cette communauté.

Le législateur, dans toutes ses dispositions, a cherché à concilier les droits du mari, chef de la société conjugale, avec les intérêts de la femme, dont le mari aurait pu compromettre l'avenir, si l'on n'avait sagement modéré son indépendance. C'est cette idée que nous allons retrouver dans les développemens qui suivent, et que nous présen-

I

terons suivant l'ordre naturel des choses, en traitant, dans un premier chapitre, de l'étendue des droits du mari sur les biens de la communauté, et de leurs conséquences relativement aux dettes que doit la communauté, à l'administration et à la jouissance des biens de la femme, et au remploi que le mari est obligé de faire des deniers provenant des propres de la femme : ce qui nous fournira plusieurs sections. Enfin, dans un deuxième chapitre, nous parlerons de la dissolution de la communauté, de ses causes et de ses suites.

CHAPITRE PREMIER.

De l'administration de la communauté.

La communauté légale est une société qui se forme de plein droit entre époux, si telle a été leur déclaration, ou s'ils n'ont point fait de conventions matrimoniales ; elle prend naissance à l'instant même de la célébration du mariage, et ne peut commencer à une autre époque.

SECTION PREMIÈRE.

De l'étendue des droits du mari sur les biens de la communauté, et de l'effet des actes de l'un ou de l'autre époux relativement à la société conjugale.

§. 1ᵉʳ. Le mari, sous l'empire du Code, est encore, comme dans nos anciennes coutumes, mais d'une manière beaucoup plus restreinte, maître de tout ce qui tombe de plein droit dans la communauté, pendant la durée de celle-ci. Ce droit est tellement inhérent à sa personne, qu'on ne peut stipuler par contrat de mariage qu'il le cédera à la femme, même dans le cas où il se trouverait dans l'impuissance de l'exercer ; par exemple, s'il était absent ou interdit. Aussi la femme ne peut-elle jamais engager les biens de la communauté, pour quelque cause que ce soit ; à moins qu'elle n'ait obtenu l'autorisation de son mari (*non obstat,* art. 1426) ou de la

justice (1427) , si le mari se trouve hors d'état de donner son consentement.

§. 2. Le mari peut donc seul, en vertu de son droit de propriétaire, vendre, aliéner et hypothéquer sans le concours de son conjoint, et sans être responsable des pertes et détériorations survenues
par sa faute et sa négligence. La femme, quoique copropriétaire
éventuelle des biens de la communauté, ne peut pas même exiger
de compte, relativement à l'administration de ces biens ; elle n'a que
le droit de partager ce qui en restera à la dissolution de la communauté. Mais dans la crainte que le mari, prodigue ou trop faible,
n'abusât du pouvoir que la loi lui accorde, et que par des donations
entre-vifs trop considérables, il ne vînt à compromettre légère-
ment la fortune de la femme, consistant souvent en un gros mobi-
lier, le législateur a senti la nécessité d'apporter des restrictions au
principe général posé ci-dessus. Cependant, tout louable qu'ait été
son intention, on ne tolérant que des donations mobilières et à titre
particulier, à condition en outre que le mari ne s'en réserverait pas
l'usufruit, pour ne pas blesser l'égalité qui doit régner entre époux
lors de la dissolution de la communauté, l'on est néanmoins forcé
d'avouer que son but est en partie manqué, par la facilité qu'il laisse
d'éluder la loi, et de la rendre illusoire en spécifiant les dons.

§. 3. Le mari perdant la moitié de son droit, par la dissolution
de la communauté, il s'en suit qu'il ne peut disposer, par testament,
d'une portion plus forte que la moitié, puisque la mort dissout la
communauté, et que les dispositions testamentaires n'ont d'effet
qu'à cette époque.

Ce principe était déjà reçu avant la rédaction du Code ; mais la
question de savoir si le legs de biens communs fait par le mari
était dû en entier ou pour moitié, ou pour moitié de sa moitié, etc.,
selon les termes dont s'était servi le testateur, divisait les juriscon-
sultes.

Les rédacteurs du Code, présumant avec raison que l'intention du

1 *

testateur, en léguant une chose quelconque, divisible ou indivisible, est de la léguer pour la totalité, s'il n'a pas déclaré le contraire, ont tranché toutes les difficultés, en décidant que le legs d'un bien de la communauté serait dû en nature, dans le cas où il tomberait au lot du testateur, et que dans le cas contraire le légataire aurait droit à la valeur totale de l'objet légué, sur la part des héritiers du mari, dans la communauté et sur les biens personnels de ce dernier.

§. 4. Le mari peut doter l'enfant commun avec des objets de la communauté (1439, arg. de l'art. 1422). En effet, on ne concevrait pas que pouvant dissiper et perdre les biens de la communauté, il ne pût rien en distraire, pour remplir une obligation, qui, si elle n'est pas forcée (parce qu'on n'a pas voulu qu'un père pût s'opposer à l'établissement de ses enfans pour n'avoir pas à le doter), est au moins essentiellement naturelle. Mais la dot ne serait pas censée faite en effets de la communauté, si le mari parlant seul dans l'acte de donation, donnait un de ses propres; elle serait pour son compte seul, et rapportée en entier à sa mort, et réciproquement; si le mari déclarait qu'il ne veut pas s'obliger personnellement, tout en autorisant sa femme à doter de ses propres, il aurait droit à indemnité lors de la dissolution de la communauté, pour les fruits dont la formation de la dot l'aurait privé.

§. 5. La dot promise par les deux époux conjointement est une dette personnelle de chacun d'eux, car si elle était à la charge de la communauté, la femme, en renonçant, pourrait se dispenser de l'acquitter, et se dégager ainsi de son obligation, ce qu'elle ne peut faire, puisque la garantie de la dot est due par quiconque l'a constituée (1440).

Quant à la part pour laquelle doit contribuer à la dot chacun des époux, elle est réglée ainsi qu'il suit :

Si les époux n'ont pas stipulé pour quelle portion ils entendent contribuer à la dot, ils sont censés avoir doté chacun pour moitié, l'enfant devant être également cher aux deux époux, et l'obligation naturelle étant la même pour chacun d'eux (205). De sorte que si l'un des époux a acquitté seul la dot sur ses propres, il a sur les biens de l'autre une action en indemnité; de même si la dot, après avoir été conjointement promise, a été payée en effets de la communauté, la femme renonçant doit récompense pour la moitié, étant tenue d'accomplir sa promesse, et ne pouvant d'ailleurs le faire qu'au moyen de ses propres, puisqu'elle a perdu le droit éventuel qu'elle avait dans la communauté qui est censée, du moment de la renonciation, n'avoir jamais existé.

Rien n'empêche cependant la femme de stipuler qu'elle ne veut doter que sur sa part des biens dans la communauté (Cb. 204-1154); mais à défaut de cette clause, si la dot n'a pas été acquittée, la femme doit en payer la moitié à l'enfant sans pouvoir alléguer pour excuses qu'elle ne doit être tenue que jusqu'à concurrence de son émolument (Cp. 1483).

SECTION II.

Quelles dettes doit acquitter la communauté.

§. 1ᵉʳ. Toutes les dettes contractées par le mari tombent à la charge de la communauté; elles y tombent d'une manière définitive, si elles n'ont pas été contractées dans l'intérêt personnel du mari, ou si elles n'ont pas été la suite de son délit, car la communauté ne supporte de telles dettes que provisoirement, c'est-à-dire sauf récompense à la femme, à la dissolution de la communauté.

Les amendes encourues par la femme ne peuvent se poursuivre que sur ses propres, sans que pour cela cependant cette dernière soit dispensée d'indemniser son mari pour la jouissance des biens dont elle l'aura privé; le principe contraire détruirait la personnalité des peines.

§. 2. L'art. 1425 qui porte : « Les condamnations prononcées contre l'un des deux époux pour crime emportant mort civile, ne frappent que sa part de la communauté et ses biens personnels, » contient un vice de rédaction ; car, d'après la généralité des dispositions qu'il renferme, il semblerait résulter que les amendes de la femme peuvent dans tout autre cas être poursuivies sur la communauté, ce qui est contraire à l'art. 1424 ; cet art. 1425 est en même temps superflu, puisque la communauté étant dissoute par la condamnation à la mort civile, il est bien clair que l'amende ne peut frapper que la part de celui qui a encouru la peine.

SECTION III.

De l'administration et de la jouissance des biens personnels de la femme.

§. 1er. Quoique les immeubles de la femme ne tombent pas dans la communauté, le mari en conserve néanmoins la jouissance et l'administration, puisque la femme doit aussi contribuer aux dépenses du ménage ; mais ce droit d'administrer comparé à celui qu'il avait sur les biens de la communauté est bien limité, et ne peut guère être assimilé qu'à un mandat : aussi le mari ne peut-il vendre ni aliéner les immeubles personnels de la femme, sans le consentement de cette dernière ; il a seulement le droit d'intenter toutes les actions mobilières, possessoires et pétitoires qui lui appartiennent ; je dis pétitoires, car, d'après le principe *qui veut la fin veut les moyens,* il serait absurde de supposer que la loi eût voulu rendre le mari responsable de fautes qu'elle le mettait dans l'impossibilité de prévenir ; qu'elle le fît, par exemple, comme on le verra plus bas, responsable des prescriptions tout en lui refusant l'action en revendication.

§. 2. La femme, en qualité de propriétaire, peut demander compte de son administration au mari, qui répond de tout dépérissement des biens de la femme, causé par défaut d'actes conservatoires, et de toutes prescriptions, même de celles qui auraient été commencées avant le mariage, s'il a pu agir pour en empêcher l'accomplissement ; car on ne pourrait raisonnablement l'accuser de négligence, s'il avait été retenu par un cas de force majeure, tel qu'une maladie. La loi écouterait aussi favorablement les excuses du mari, s'il ne lui avait pas été remis de titres, sauf à la femme à prouver le contraire : on ne peut poursuivre des droits dont on ignore l'existence. Il en serait de même si la prescription était arrivée dans les premiers jours du mariage, ces jours étant généralement consacrés au plaisir.

§. 3. Le mari n'ayant qu'un droit de jouissance momentané, et résolutoire à la dissolution de la communauté, et n'étant, comme on l'a vu plus haut, considéré que comme mandataire, ne doit faire que les actes de simple administration ; les articles 1429 et 1430 déterminent sa capacité, quant aux baux des propres de la femme ; et comme, dans l'intérêt de l'agriculture, les baux faits par le mari ne finissent pas avec son droit de jouissance, ces articles déterminent encore quelle sera leur durée après la dissolution de la communauté, pour ne pas, d'un autre côté, priver trop long-temps la femme d'exercer sur ses biens les droits qui lui compètent comme à tout propriétaire.

Un bail nul dès le principe, pour avoir été renouvelé avant l'époque déterminée par la loi, reste cependant valable, s'il a reçu un commencement d'exécution avant que la femme fût en droit de le faire casser, sauf à celle-ci à prouver la fraude s'il y a lieu, ce qui pourrait arriver si le mari était convaincu d'avoir reçu du bailleur quelque chose en secret, lors de la rédaction du bail.

SECTION IV.

Du remploi.

§. 1er. Les époux ne doivent pas enrichir la communauté à leurs dépens, et réciproquement ils ne peuvent s'enrichir aux dépens de la communauté ; l'infraction à ce principe de justice et d'égalité donne lieu à deux espèces de récompenses, auxquelles on donne le nom de *remploi* ou de *reprise,* selon que le remplacement est fait réellement et en nature, ou seulement par le paiement de la valeur de la chose, ce qui n'a lieu, dans ce dernier cas, qu'à la dissolution de la communauté, mais avant tout prélèvement (Code civil, 1470).

Toutes les fois donc que le prix d'un immeuble vendu appartenant personnellement à l'un des époux, ou d'une chose quelconque appréciable en argent, a été versé dans la communauté, celle-ci, si toutefois elle en a profité, en doit récompense à l'époux propriétaire (Code civil, 1433) ; et réciproquement, toutes les fois que l'un des époux a retiré un profit personnel des biens de la communauté, il doit l'en indemniser (Code civil, 1437).

L'action en indemnité compète aussi à celui des époux qui s'est obligé solidairement pour des choses personnelles à l'autre (Code civil, 1431-1432).

§. 2. Le remploi est toujours fait sur le prix de la vente, même pour la femme, si elle ne peut prouver la fraude ou l'excessive vilité du prix (Code civil, 1436, arg. de l'art. 1992 *non obstat* 1436). Mais le mari ayant seul l'administration de la communauté, et pouvant, comme on l'a déjà vu, la perdre et la ruiner à son gré, il était à craindre que l'action en remploi accordée à la femme, qui n'aliène souvent ses biens que par crainte ou par faiblesse, ne devînt illusoire s'il ne lui était donné d'exercer ses reprises que sur les biens communs ; c'est ce qui a décidé le législateur à accorder à la femme un recours sur les biens du mari, à défaut de ceux de la communauté, tandis que ce recours n'est accordé au mari que sur les biens de cette dernière.

Toutefois, l'époux dont l'immeuble a été vendu, ne devient propriétaire de celui qui lui a été acquis en remploi, que jusqu'à concurrence de la valeur de cet immeuble ; la communauté devient copropriétaire pour le surplus, à moins que la différence ne soit peu considérable, car alors elle n'a droit qu'à récompense.

Le remploi est irrévocablement fait à l'égard du mari, quand, lors de l'acquisition, c'est-à-dire de suite et au moment de la rédaction de l'acte de vente, il a déclaré que l'acquisition était faite des deniers provenus de la vente de l'immeuble qui lui était personnel, et pour lui tenir lieu de remploi.

Cette déclaration est nulle à l'égard de la femme, si elle n'a accepté le remploi ; son acceptation peut cependant n'être pas expresse ; il suffit qu'elle ne soit pas douteuse. Ainsi le remploi serait jugé valable, si, présente au contrat, elle l'avait souscrit.

La femme n'est pas tenue, comme le mari, d'accepter lors de l'acquisition ; il suffit qu'elle le fasse avant la dissolution de la communauté, pourvu que le mari n'ait pas encore retiré ses offres ; car, si elle n'avait pas accepté dans un temps opportun, l'immeuble acquis serait irrévocablement réputé acquêt. S'il n'a pas été stipulé dans le contrat de mariage que le remploi se fera de suite et sur le premier acquêt, la femme est toujours libre de ne pas accepter ; et, en cas de refus, elle a simplement droit à récompense à la dissolution de la communauté.

CHAPITRE II.

De la dissolution de la communauté.

La communauté se dissout par la mort naturelle ou par la mort civile ; par l'absence du mari, à moins que la femme n'opte pour la continuation de la communauté ; par la séparation de corps ou par la séparation de biens seulement.

SECTION PREMIÈRE.

De la nécessité imposée au conjoint survivant de faire inventaire.

§. 1er. D'après le droit coutumier, le défaut d'inventaire donnait lieu à la continuation de la communauté. On doit facilement sentir quels abus devaient résulter d'une telle législation ; en effet, si le conjoint survivant était négligent et de mauvaise foi, il y avait tout à craindre, qu'après plusieurs années il ne se trouvât plus rien dans la communauté, car on ne peut supposer d'ailleurs qu'on laissât les scellés, ce qui aurait entraîné un abus presque aussi grave que celui qui vient d'être signalé. Le Code, plus sage, veut, qu'à défaut d'inventaire, les parties intéressées soient admises à prouver par tous moyens, même par commune renommée (Code civil, 1442), la consistance des biens et effets communs ; et supposant le cas où il aurait des enfans, il prive de la jouissance légale de leurs revenus le conjoint survivant qui aurait compromis leurs intérêts par défaut d'inventaire.

Le subrogé-tuteur est aussi tenu même solidairement de toutes les condamnations auxquelles pourrait donner lieu le défaut d'inventaire.

SECTION II.

De la séparation de biens.

En général la femme est seule admise à demander la séparation de biens ; le mari pourrait cependant, à mon avis, l'obtenir dans certains cas, comme dans celui, par exemple, où sa fortune ne pourrait suffire aux folles dépenses de sa femme.

§. 1er. La demande de la femme n'est valable qu'autant que sa dot est mise en péril, et qu'en même temps les biens du mari ne sont plus suffisans pour l'exercice de ses droits et reprises, et encore faut-il que cette crainte soit bien fondée ; car, si le mari fournissait encore suffisamment aux dépenses du ménage, la demande de la femme serait rejetée, si toutefois ses biens consistaient en immeubles. On ne peut cependant pas exiger, comme le faisaient les Romains, qu'il ne reste plus rien au mari, la séparation devenant alors sans but.

On a élevé la question de savoir si une femme dont tous les biens sont tombés dans la communauté, ou qui n'a que son industrie, peut provoquer la séparation de biens. L'affirmative ne me paraît pas douteuse dans ces deux cas.

§. 2. Les créanciers personnels de la femme ne peuvent demander en son nom la séparation de biens, sauf à exercer ses droits en cas de faillite ou de déconfiture, sauf aussi à intervenir et à se faire remettre la demande en séparation, et les pièces justificatives pour faire tierce-opposition, s'il y a lieu. La loi les déclare déchus de ce dernier droit après un an, afin de ne pas laisser indéfiniment la femme dans l'incertitude.

§. 3. La séparation ne peut se faire par le seul consentement des parties; il faut qu'elle soit ordonnée par sentence du juge avec connaissance de cause. (Quant à la procédure à suivre pour l'obtenir, voyez Code de procéd., 865, 866, 867 et 868.) Quand même le mari aurait avoué les faits et qu'il n'y aurait pas de créanciers, la femme n'en serait pas moins tenue de la preuve, qui peut se faire tant par pièces justificatives que par témoins : cette preuve est nécessaire pour empêcher d'éluder la loi qui défend la séparation de biens par consentement mutuel.

§. 4. Le jugement de séparation ne peut être rendu qu'un mois après la demande (Code de procédure, 869), afin de laisser aux créanciers éloignés le temps d'intervenir; mais comme ce délai peut nuire aux intérêts de la femme, celle-ci peut prendre des mesures conservatoires. La séparation de biens, quoique ses effets remontent au jour de la demande, n'est cependant opérée définitivement ni par la demande, ni par la sentence du juge. La loi exige en outre deux conditions essentielles à peine de nullité : la première est la publicité (Code civil, 1445) ; la seconde consiste dans le paiement réel des droits et reprises de la femme, effectué par acte authentique; à défaut de paiement, il suffit que des poursuites (par exemple, un commandement) soient seulement commencées dans la quinzaine.

§. 5. La séparation ne détruit ni le droit marital ni les devoirs de la femme, comme mère et comme épouse. Ainsi la femme ne recouvre que la simple administration de ses biens, et n'est pas dispensée d'ailleurs du besoin général d'autorisation; ainsi elle peut être contrainte d'habiter avec son mari, et s'il ne reste plus rien à celui-ci, de fournir même à toutes les dépenses du ménage (Arg. de l'art. 203, Code civil)..

Il est juste que le mari n'ayant plus l'administration des biens de la femme, n'en soit plus responsable : aussi n'est-il plus tenu de faire le remploi de l'immeuble vendu, à moins que le produit n'en ait tourné à son profit, ou que la vente n'ait été faite en sa présence ou de son consentement, car il est alors présumé en avoir touché le prix.

Les droits de survie de la femme ne sont ouverts par la dissolution de la communauté qu'en cas de mort naturelle ou de mort civile.

La séparation judiciaire peut toujours finir par le consentement mutuel des époux ; mais comme la séparation de corps peut cesser, sans que la séparation de biens soit détruite, ce qui pourrait souvent mettre obstacle à la réunion des époux ; comme d'un autre côté les tiers ne pourraient être facilement instruits du rétablissement de la communauté, un acte notarié est nécessaire.

Dès que la communauté est rétablie, elle est censée n'avoir jamais été dissoute, excepté quant aux tiers ; on ne peut donc en la rétablissant y apporter des modifications.

THESES DE JURE ROMANO.

De repetitione dotis.

Duæ olim actiones scilicet actio *rei uxoriæ* et actio ex *stipulatu* pro repetitione dotis erant; illas, novo jure in unam Justinianus imperator reduxit.

Ita, dicendum est nobis :

1° De actione rei uxoriæ; 2° de actione ex stipulatu; 3° de fusione utriusque actionis in unam ex stipulatu de dote dictam.

I. Actio rei uxoriæ, bonæ fidei erat; et pleno jure, nulla conventione prius de repetitione dotis facta dabatur.

Filiæ et patri ejus competebat; mortuo autem patre filiæ tantum succurrebat numqam vero cæteris patris heredibus. Si defunctus vir aliquid uxori legavisset, ista legatum inter et repetitionem dotis optare debebat.

Tandem, si dos fungibilibus rebus constabat, non, nisi annua bima, trima die restituebatur; et quando maritus hac actione agebatur; ad restitutionem dotis tantum in id quantum facere poterat, damnabatur.

II. Actio ex stipulatu erat stricti juris et non dabatur, nisi antea de restituenda dote fuisset conventum.

Illis tantum qui stipulationem fecerant, vel eorum heredibus etiam extraneis competebat.

Circumventus hac actione maritus, ad totam dotem, nulla mora interjecta, restituendam, compellebatur.

III. Cum pleniorem esse stipulatu actionem, Justinianus imperator inveniret, omne ejus quod res uxoria antea habebat, ip actionem ex stipulatu transtulit rei uxoriæ actione sublata. Ex stipulatu de dote actio quæ pro ea introducta est, naturam bonæ fidei judicii meruit, licet stipulatio ex sua natura stricti juris sit.

In casu legati a marito uxori facti, edictum de *alterutro* quo optio inter legatum et dotem proponebatur, jam non vigebat.

Maritus nova actione de dote insecutus jure postulabat defendendo ut non condemnaretur nisi in id quantum facere poterat, dummodo satis daret de integra dote solvenda, si id deinceps in sua potestate futurum esset. Actio ex stipulatu de dote intendebatur a patre sed consentiente filia; mortuo autem patre solæ filiæ competebat licet exhæredata fuisset et de repetitione dotis profectitiæ ageretur, ita ut dotis pretium in sua legitima computare et in paternam hereditatem referre deberet.

Si dos in rebus immobilibus constabat non, nisi interjecto anno ejus restitutio exigebatur.

Tandem imperator voluit uxorem agentem habere tacitam hypothecam qua præferri possit omnibus aliis mariti sui creditoribus licet anterioribus hypotheca, nisi pecuniam marito dederint ut ex ea munus emeret et jus prælationis stipulaverint, dictum privilegium mulieri tantum et suis liberis, non autem aliis heredibus, competebat.

DROIT COMMERCIAL.

De l'échéance de la lettre de change.

Le contrat de change est un contrat synallagmatique, commutatif et à titre onéreux par lequel une des parties s'oblige à faire payer une somme d'argent dans un lieu déterminé, autre que celui où le contrat est passé, à l'autre partie, en échange d'une somme équivalente que celle-ci s'oblige à lui fournir. Le titre qui constate ce contrat s'appelle *lettre de change*

Il n'y a point de lettres de change sans l'indication de l'époque à laquelle elle doit être payée ; cette époque est l'échéance : c'est le dernier terme du délai fixé ; on peut l'indiquer de différentes manières, à date ou à vue, mais on doit toujours le faire avec la plus grande précision, et d'une manière bien exacte, puisqu'en cas de refus de paiement, les poursuites doivent être faites dans les vingt-quatre heures de l'échéance.

Les différens délais indiqués par le Code, que la lettre soit tirée à date ou à vue, sont au nombre de trois, qui sont le jour, le mois et l'usance ; il est cependant libre aux parties d'indiquer tel autre délai qu'elles voudront.

Quant au jour, c'est le jour civil qui est la base de l'échéance : on ne compte pas par heure.

Les mois sont tels qu'ils sont fixés par le calendrier grégorien ; ainsi donc selon que les mois sont plus ou moins longs, les délais peuvent être égaux ou inégaux.

L'usance est une période fixe d'un certain nombre de jours, elle varie selon les pays, et l'on suit l'usage de ceux sur lesquels les lettres de change sont tirées: en France, elle est de trente jours.

Le délai d'usance commence le lendemain de la date; le jour où le terme a été fixé, ne compte pas dans le terme, cependant le délai n'est pas franc, et le dernier jour est celui de l'échéance (Arg. de l'art. 161 du Code de commerce).

Dans le cas où la lettre a été tirée à un ou plusieurs jours de vue, l'échéance court du jour où l'acceptation ou bien la présentation a été constatée, ou de la date du protèt faute d'acceptation.

La loi, en consacrant certains jours au repos, devait prévoir le cas où l'échéance tomberait un de ces jours; rien ne devait être incertain à cet égard; dans l'alternative elle a fixé le paiement au lendemain.

Pour éviter les inconvéniens que faisaient naître autrefois les délais de grâce, l'art. 135 les a tous abrogés; toutefois cette dérogation à l'ancien droit n'est applicable qu'aux lettres échues et payables en France; quant à celles qui sont payables à l'étranger, il faut consulter les lois et les usages du pays.

PROCÉDURE CIVILE.

De la manière de délibérer et de voter les jugemens.

Le jugement (*sententia*) est la décision du juge sur le litige qui lui est soumis ; c'est la fin directe du procès et la manière la plus naturelle de le terminer.

Dans l'intérêt de la justice et pour l'impartialité du jugement, il faut que le public soit admis à l'audience ; aussi le jugement ne peut-il être rendu que dans les lieux affectés à l'administration de là justice, à moins de force majeure, comme en cas de ruine ou d'incendie, et aux heures indiquées par la cour, avec approbation du gouvernement. Un trop grand surcroit d'affaires peut cependant nécessiter des audiences extraordinaires.

Le tribunal ne peut pas même tenir ses audiences et prononcer ses jugemens dans la chambre du conseil, à moins que la loi ne le lui permette expressément (art. 121 et 355 Code civil), ou qu'il soit à craindre que les plaidoiries ne soient dangereuses pour la morale publique (art. 87 Code de procédure). Mais alors, de peur que les tribunaux n'abusent de cette permission, il est enjoint aux juges, si, après qu'ils en ont délibéré, ils ont ordonné que la discussion se fera à huit-clos, de rendre compte de leur délibération au procureur du roi près la cour d'appel, et si c'est une cour d'appel au ministre de la justice.

Et lors même que les juges se retireraient dans la chambre du conseil pour délibérer, par exemple, si après un rapport, ils ne se trouvaient pas encore suffisamment éclairés, le jugement quoi qu'il puisse être ajourné, devra néanmoins être prononcé dans la salle d'audience.

Pour que l'opinion du juge ait la force de chose jugée, il faut que le tribunal soit composé du nombre de juges voulu ; ces juges doivent être ceux du tribunal et avoir assisté à tous les débats.

C'est au président à recueillir les opinions, et au plus jeune à opiner le premier, afin qu'il ne se laisse pas influencer par les plus anciens.

Les jugemens doivent être rendus à la pluralité absolue des voix, c'est-à-dire de la moitié des votans au moins, plus un ; les voix de deux parens ou alliés jusqu'au degré de cousin germain inclusivement, ne comptent que pour une, s'ils ont opiné dans le même sens. S'il se forme plus de deux opinions, les juges plus faibles en nombre seront tenus de se réunir à l'une des deux opinions qui auront été émises par le plus grand nombre, après toutefois un second tour de scrutin.

Il n'est en général censé y avoir de partage que lorsque chaque juge émet une opinion particulière. En cas de partage, on appelle un juge, à son défaut un suppléant, puis un avocat, puis un avoué, selon l'ordre du tableau.

On doit énoncer les diverses opinions des premiers juges pour éclairer ceux qui sont appelés à en faire cesser le partage, mais sans faire connaître ceux qui les ont émises.

L'affaire est de nouveau plaidée ou rapportée, et alors les juges peuvent changer d'opinion ; car admettre le contraire ce serait accorder aux tiers appelés le pouvoir de juger seuls.

Le jugement doit être prononcé à l'audience par le président, sans énoncer l'opinion particulière de chaque juge ; cependant, si le tribunal était pris à partie, le juge qui n'y aurait pas donné lieu pourrait dresser un procès-verbal qui constatât quelle a été son opinion, car il ne serait pas juste qu'il fût responsable d'une faute qu'il n'a pas commise.

FIN.

www.ingramcontent.com/pod-product-compliance
Lightning Source LLC
Chambersburg PA
CBHW050441210326
41520CB00019B/6018